Benjamin Jung

Verbot der Kuhpocken Impfung

Benjamin Jung

Verbot der Kuhpocken Impfung

ISBN/EAN: 9783743350809

Hergestellt in Europa, USA, Kanada, Australien, Japan

Cover: Foto ©ninafisch / pixelio.de

Manufactured and distributed by brebook publishing software (www.brebook.com)

Benjamin Jung

Verbot der Kuhpocken Impfung

Verbot
der
KUHPOKEN-IMPFUNG.

Für meine Familie

von

Dr. BENJ. JUNG.

Stuttgart.
Druk von Julius Kleeblatt.
1864.

Notiz für meine Familie.

Ich habe im Würtemberger Land Nichts zu verbieten, aber in meiner Familie. Die Impfung mordet, sie überträgt die Venerie, sie verunstaltet die Kinder, das sind erhobene Thatsachen. Läge nur Ein Fall von Impfmord, von Impfvenerie, von Impfverwüstung „constatirt" vor, müsste ich Euch das Impfen schwer aufs Gewissen legen. Da aber die Impfmorde zu Hunderten, die Impfvenerien zu Tausenden (siehe Impfhexe S. 61—144) streng officiell beglaubigt sind, da die ganze Nation mit nur wenig Ausnahmen mit dem schmuzöligen Immergrün im Gesichte einhergeht und vorauszusehen ist, dass all die Grüngelben ab- und aussterben werden: so zwingt mich der Wurm im Gewissen, Euch gebietend zuzurufen: Ziehet an den Harnisch Gottes, wehret Euch gegen den heimlichen Mord unsrer Familie, rettet aus dem dritten Glied der Missethat an der jezigen Schuljugend, was im vierten Glied nicht mehr zu retten sein wird. Gott strafet bis ins dritte und vierte Glied.

Nachstehende Blätter, klein aber rein, sind für die Familie bestimmt, sie enthalten der Ansichten meines Onkels so viel, als er genügend glaubt für vernünftige Menschen. Die biographische Skizze soll eine Photographie meines Onkels darstellen, so lange er noch lebt. Sie ist so weit getreu, als ich ihn ausfragen konnte, um den weit zerstreuten Verwandten Nachricht von ihm zu geben. Insbesondere sollen diese Notizen als Briefe dienen an **Christof Nittinger**, Hôtelier in Hamburg; **Aug. Fridr. Nittinger**, Apotheker in Amsterdam, Firma Uloth; **Josef Nittinger**, fürstlich Fürstenberg'scher Förster in Celechowic, und an die übrigen Glieder der Familie in Böhmen; **C. W. Nittinger**, Papeteriefabrikant in Paris, auf seinem Landsize Balainvilliers bei Longjumeau etc.

Jung.

Inhalt.

1. An Jenner.
2. Der Impfmord der Kinder. Die Landvögte. Gessler.
3. Das Impfen mordet die Schuzengel der Menschheit.
4. Verwüstung. Oelkopf.
5. Biographische Skizze.
6. An die *Società frenopatica italiana ad Aversa.*

An den

Menschenverderber

D.r Jenner aus England,

Importeur der Vaccination:

Homo vanus et levis, cerebro vacuus et temerarius,
mente et judicio carens — —

>Scientiam profanasti,
>Terram perdidisti,
>Populum occidisti!

Zu deutsch:

Du hast die Wissenschaft entweiht,
Du hast die Naturgeseze in Verwirrung gebracht,
Du hast das Volk versiecht und getödtet!

(Motto der Impfvergiftung II. Theil.)

Der Impfmord. Die Landvögte.*)

In Würtemberg impfen 231 Aerzte nicht. Warum die Mehrzahl der Aerzte nicht impft, weiss ich nicht, vielleicht verbietet es ihnen das Silberglöklein der Ehre. Blos 201 Aerzte gaben sich im lezten Jahre noch zu der schmuzigen Impfgeschichte her, doch wurde kaum ein Achtel der Privat-Impfungen von ihnen besorgt. Die 44,345 Impfungen und 11,410 Revaccinationen vom 1. Juli 1862 bis 31. Dez. 1863 wurden meistens von 656 Wundärzten abgemacht, es sind also 55,755 weisse Schwaben mit demselben wüsten, grüngelben Stoff, welchen die Impfpustel enthält, grüngelb beschmiert, mit dem grüngelben Angesicht und mit dem Oelkopfe versehen worden. Gloria der Impfung!

Und troz dem habt ihr die Blattern, ihr habt sie jezt nicht mehr zeitweise, sondern alle Jahre; es sind jezt Pokenhäuser nöthig. Wer dachte je daran? In Würtemberg wurden in sieben Jahren „allein amtlich" 1859 Blatternkranke angezeigt, nämlich im Etatsjahre von Juli zu Juli

Jahrgang	Pokenfälle
1854—55	275
1855—56	103

*) Aus der Schwäb. Volksztg. 11. Oct. 1864.

Jahrgang	Pokenfälle
1856—57	147
1857—58	90
1858—59	346
1859—60	189
1860—61	216
1861—62	136
1862 Juli bis 1863 Dec.	357
zusammen	1859 Pokenfälle.

In sieben Jahren 1859 Blatternkranke und im Jahre 1864 eine Landes-Poken-Epidemie dazu, im Katharinenspital lagen vom Januar bis Juni allein 264, heist das — „Blatternverbannen"? Das Impfgesez vom Jahr 1818 hat thatsächlich fallirt, der Vertrag zwischen Staat und Volk ist gebrochen. Wenn ihr euch impfen lasset, gelobte der Staat, so stehe ich bürge, dass die Vaccine euch erstens schützt und zweitens nicht den mindesten Nachtheil für Leben und Gesundheit zufügt. Die Vaccine fallirt, steht der Staat als Bürge für sie ein? steht der Staat für euren Schaden ein? gibt er euch eure Impfstrafen wieder heraus? baut er euch auf seine Kosten Pokenhäuser? Nein euer Bürge zahlt nicht, entschädigt nicht, baut euch kein Pokenhaus — in Stuttgart zu 30,000 fl. veranschlagt. Leben wir in Montmorency, wo die besten Esel gezüchtet werden, dass wir sonneblind vor den Impf-Landvögten den Grus sagen müssen: Gloria der Impfung! und wer ihn nicht sagt, wie einst Tell vor dem Hute Gessler's*) ohne Kopf: Dem — — nun ihr wisst ja!

Man entgegnet: Das Dasein der Blattern in gröster Zahl und in gröbster Urform lässt sich nicht läugnen, allein das Gesez bewahrheitet sich darin, „dass die Schuzpoken die Blattern mildern." Leider ist auch dieser Trost ein falscher

---

*) Herr v. Gessler war Medicinaldirektor, ist jezt Minister des Innern. Vgl. Impfhexe S. 178—188 der neue Gesslershut.

Wechsel. Stuttgart ohne Weiler hatte im Jahr 1861 1242 Sterbefälle und 101 Todtgeborene, 457 also 50 Procent starben im 1. Lebensjahr. Nach der Mortalitätstafel stirbt 1 dreijähriges von 37 Knaben und 1 ditto von 32 Mädchen, es sterben also im dritten Jahre 3 Procent. Nun so rechnet einmal! Es starben im Jahre 1863 an den Blattern 38, nämlich 25 ungeimpfte Wikelkinder oder kränkliche Kinder und 13 geimpfte gesunde Kinder über 3 Jahre alt; 25 Wikelkinder mit 50% Sterblichkeit verhalten sich zu 13 Kinder über 3 Jahre mit 3% Sterblichkeit wie

$25/50$ zu $13/3$, also wie $1/2$ zu $4\frac{1}{3}$, oder wie 1 zu 9.

Neun eurer lieben Geimpften sterben also an den Poken bis ein Ungeimpftes daran stirbt, oder von 10 Todesfällen trifft nur 1 die Ungeimpften. Darfst du 9 Mal gegen 1 Mal dein Kind der Gefahr des Todes aussezen, sind das die „modificirten Blattern"? Gloria der Impfung!

Man hat einen neuen Tod, den Vaccinetod, in unsere Population eingeführt, der Tod während der Impfung ist gröser, als der während der natürlichen Poken. Den Beweis hievon liefert das K. Med.-Collegium selbst; es gibt an:

	gestorben während der	
	Poken	Impfung
1856—57	8	18
1857—58	6	17
1858—59	23	14
1859—60	16	11
1860—61	13	22
1861—62	9	26
1862 Juli bis 1863 December	38	30
	113	138

Wir sehen es für eine Gedankenspielerei an, wenn die Landvögte der Impfung behaupten, „während der Impfung in 14 Tagen gestorben", sei nicht an der Impfung gestorben, so müssten auch die während der Blattern Gestorbenen, welche viel länger liegen, nicht „an den Blattern", blos nach dem allgemeinen Sterbegesez gestorben sein.

Das Impfgesez mordet wissentlich. In den voranstehenden 7 Jahren von 1856—63 stehen 7 Todesfälle, von welchen das K. Medicinal-Collegium selbst gesteht und nicht ableugnet, dass „„der Tod von der Impfung seinen Ausgang genommen habe"". Es bekennt den Mord siebenmal; dagegen „will es" von 131 Impftodten den Mord nicht gelten lassen. Die Mordfälle sind aber so haarsträubend, dass das Collegium gar nicht mehr umhin kann, General-Impfbeichte zu geben, ja, es gesteht lieber vollends Alles: „Die Zahl bleibt hinter der Wirklichkeit zurük." *)

Darf das Collegium die Parole zum Morden geben? Sollte es nicht bei der ersten constatirten Mordthat der Impfpraxis den Abschied, das *Vale, nil vales* geben? „Das Gesez!" ruft ein Jesuit. Nein, der Mensch pulsirt im Gesez. Die Verantwortung liegt auf den technischen Rathgebern des Ministers, auf dem Gewissen der Collegialräthe Krell, Reuss, Cless etc. Wäre es nicht lächerlich, die Gloke anzuklagen und nicht den Mesner, welcher an ihrem Seile zieht? Das Collegium läutet die Landes-Zwangsimpfgloke, darf es, wenn 138 Impflinge todt da liegen, und Väter und Mütter sich nicht wollen trösten lassen, sich ausreden: wir im Collegium sind nicht die Gloke, nur der Strang daran. Ein Blik in die Todtengruft von 138 todten Impflingen gibt eine ernste Lehre, der Grabeston beist die Gewissen (so man hat), aus sieben Särgen flammet das Strafgesez.

Nur der König hat das Recht, Todesurtheile zu unterschreiben, der Arzt darf Niemand tödten, nicht den Verzweifelten auf dem Krankenbette, nicht auf dem Schlachtfelde. Der König verurtheilt Verbrecher, das Collegium verurtheilt unschuldige Kinder! Der König verurtheilt selten, das Collegium eingestandenermasen alle Jahr ein Kind. Ist

---

*) Würt. med. Corresp.-Bl. 26. Sept. 1864.

es das Deine? Der König lässt die Verurtheilten nicht martern, das Collegium beschreibt die interessanten Todeskämpfe der Unmündigen. Das Land bezahlt die Kosten der Hinrichtung, das Collegium strafte im Jahr 1863 715 Väter in Würtemberg, weil sie ihre 1262 über drei Jahre alten Kinder nicht vergiften lassen wollten. Schläft das Strafgesez für den Mord *en gros*?

Wo bleibt dein Gewissen, Vater? Du siehst aus den eigenen Angaben des Medicinal-Collegiums, dass man den Poken nicht entrinnen kann; du siehst, dass am Impfen 138, an den Poken nur 113 in sieben Jahren gestorben sind; du siehst, dass du als geimpft dich 9 Mal dem Blatternteufel verschrieben hast, bis 1 Mal ungeimpft deinem Gotte; du siehst, dass der Impfmord eine Thatsache ist; wohlan, lass dir von einem Kuhmenschen dein Gewissen zurecht legen!

X.

Das Verbot:

Du sollst nicht tödten! erhält durch die neuern Verhandlungen über die gänzliche Abschaffung der Todesstrafe eine frischere Geltung. Dass das Impfgift tödten kann, ist eine sichere Thatsache. Was Einmal tödtet, kann allemal tödten. Wenn der gnädige Gott dich nicht mit dem Tode deines Kindes bestraft hat, hast du deshalb Gott nicht versucht?

J.

Das Jmpfen mordet die natürlichen Schuzengel, Poke und Wurm.*)

Die Vaccination ist eine indirekte Cyanvergiftung, weil sie die im menschlichen Leibe ohnehin so reich vorhandenen lebensfeindlichen Elemente der Blausäure und Oxalsäure vermehrt, indem sie
    a) die Haut aufrizt, vergiftet, damit unfähiger macht, den Kohlenstoff, das Cyan auszuscheiden, und
    b) weil hiedurch die Athmung, insbesondere die Bewegungen des Herzens geschwächt, die Blutkörperchen zur Sauerstoffaufnahme weniger dargeboten werden.

Der Gewichtsverlust durch Ausdünstung und Athmen beträgt bei einem Manne, der keine schwere Arbeit verrichtet, in 24 Stunden 1—5 Pfund, im Mittel 2 Pfund 13 Unzen. Davon kommt 1 Theil auf die Lunge, 2 Theile kommen auf die Haut.**). Hauch und Dunst enthalten Wasser, Stikgas, Wasserstoffgas und kohlensaures Gas, also die Elemente der Blausäure, bei thierischer Nahrung mehr Stikgas, bei vegetabilischer mehr kohlensaures Gas, also die Elemente des Cyans. Je mehr diese ärgsten Feinde des Lebens ausgehaucht, ausgedünstet werden, um so mehr hebt sich die Lebenslust und

---
    *) Siehe Nittinger, natürliches System.
    **) *Lavoisier* und *Seguin*, Ann. Chim. 90. 5. *L. Gmelin*, Chemie II. 1539.

zwar nach der vollen Ordnung der Natur. Der hirnwüthige Impfer dagegen verkehrt dies schöne Gesez, er massacrirt die Haut, träufelt Gift darein, und ihre allgemeine Entfärbung zeigt, dass es dem Dummkopf gelungen, sie unfähig zu machen, die Elemente des Todes auszustossen, wie es nach göttlicher Ordnung geschehen sollte.

Das Cyan ist bei gewöhnlicher Temperatur ein farbloses, leicht entzündliches, mit rother (Höllen-) Flamme brennendes Gas, welches bei starker Kälte tropfbar flüssig wird. Es wird leicht und reich von wässrigem Ammoniac verschlukt, woraus eine teufelsbraune Flüssigkeit entsteht aus Stikkohlenstoff, Kleesäure, Harnstoff = cyansaures Ammoniac und blausaurem Ammoniac. Das Cyan ist die Mutter

a) der Blausäure, Nachtsäure, Milzsäure, gerinnungsfähig, wird durch die Blattern ausgestossen; Cyanurin.
b) der Oxalsäure, Tagsäure, Gallensäure, zersezend und nicht gerinnungsfähig, das *Viride hominis* (Grünspan.) Hauptnahrung der Würmer. Oxalurin.

Das Cyan ist der Gegensaz der Sonne, der Feind alles Lebendigen, es war wohl die Seele des Chaos, bevor der Herr des Lebens sprach: es werde Licht! Es ist das Princip des Todes aller Creatur, der Stoff des kranken Verbrennungsprozesses im Menschen, der troknen Hize, der Dürre, der Zehrhize, des *Causos, calor mordax* etc., dessen sich der Körper überall zu entledigen strebt, der Auswurf der Blattern, Pest etc., es ist die tiefe Wurzel der grossen Seuchenfamilie, an der in unzähligen Formen und Formenwandlungen das gesammte Reich der Lebendigen leidet; es spielt in all den 5000 Krankheiten, deren der Mensch fähig sein soll. Das Cyan mit seinen chemischen Wechselbälgen sind die bösen Geister unter dem Himmel und zulezt der Tod selbst.

Je stärker die Lebenskraft, desto weniger ist die Bildung des Cyans innerhalb des Menschen möglich, die vorsündfluthliche Welt kannte daher den Würgengel Seuche nicht. Die Vaccination schwächt die Lebenskraft, verleiht eine schlechte

Haut, ein weiches grüngelbes Herz mit cyanschwarzem Blute. — Das Cyanblut ist dunkel und flüssig, bläulich- oder beerschwarz, klebrig, oft dik wie Oel; das Blutwasser scheidet sich nicht mehr wasserhell, sondern bläulichgrün oder schmuzig grüngelb davon ab. Das Muskelfleisch des Herzens wird blassroth, schmuzig gelb, weich; die Leber gross von schwarzrothem Blut; die Milz bleifarbig; das Gehirn dunkelblau; das Lungengewebe schwarzroth mit Melanosen, Miliarien, Tuberkeln; die Schleimhaut roth, marmorirt, kirschroth, selbst blau und grau und so weich, dass sich das Epithelium wie bei äussern acuten Exanthemen abschält, dass sich die Tunica villosa ablöst. Die Venen des Gehirns, der Pfortader, der Hohlvene, der Hämorrhoidalgefässe, die Hautvenen strozen von schwarzblauem Blute und der ganze Darminhalt manifestirt eine enorme Säuerung.

In solchem Blute kreiset der Tod. Erhebt sich aber darin ein gewaltiger Fiebersturm mit seiner Höllenhize und siegt die Natur: so wird das Cyan ausgestossen, besonders erkennen wir die Blausäure in ihren seltsamen drei Aggregatzuständen fest, flüssig, luftförmig in Blattern und Schärfen, die ganze Wohnung wird vom Krankendunste von Kohlenstikstoff und kohlensaurem Ammoniac erfüllt. Als hätte der vorher Sieche die Wäsche gewechselt, sein irdisches Gehäuse von unten bis oben gereinigt, seine Säfte durchgeseiht, Gnade von Gott empfangen, so jubelt der Mensch nach den Blattern, es ist ihm wohl wie einem Weibe nach vollbrachter Geburt.

Der pfiffige Impfer aber vergiftet, d. h. erweicht die Muskelkraft des Herzens, mordet die himmlischen Fieberkräfte und lässt lieber die Lebensflamme im Cyanblute erstiken. Seit der Vaccination nehmen die Todesfälle zu, die Geburten ab.

Der Darm ist ein Wurm. In ihm leben die porösen Gasthiere, die Eingeweidewürmer, Bandwurm, Spulwurm, Madenwurm u. a. m. Die chemische Analyse der Würmer zeigt:

kohlensauren Kalk, vorwaltend,
phosphorsauren Kalk,
salzsaure und schwefelsaure Bittererde.
Sie enthalten kein Natron, kein Kali. Warum blos Kalk? Der Kalk fällt den Hauptfeind der Natur die Oxalsäure (Kleesäure) als eine desoxydirte Kohlensäure.

Die Masse des zähen, glasigen Darmschleims, welcher in Folge leichterer Reizung der Schleimdrüsen *(Glandulae muciparae)* gebildet, nach oben und unten entleert wird, hat alle physikalische Aehnlichkeit mit den Spulwürmern, welche darin leben. Weder der Säugling noch der Greis sind damit begabt.

Die Würmer sind keine Schmarozerthiere, sondern Schuzengel wider die Todeskraft des Cyans, sie sind speciell Wächter gegen die lebensfeindliche Aezkraft der Oxalsäure, sie verzehren keine gesunden Nährstoffe, sie leben blos von dem Schlamme des Lebensstroms, von Giften. Wie nüzlich sind so manche Vögel für den Akerbau und doch wie ungerecht verfolgt man diese Wächter und Wohlthäter des Landmanns! Wozu hat Gott innen die Würmer, aussen die Blattern geschaffen und sie gerade den Kindern zugewiesen? Darf die Impfung diese Schuzengel morden?

1. Das kleine Würmlein, der Säugling, hat keinen Wurm. Das Fett und Oel der Muttermilch würde die Oeffnungen *(Spiracula)*, welche auf die gesammte Oberfläche des Wurmleibs ausmünden und die Lunge ersezen, verstopfen. Das Wikelkind hat also keinen Beschüzer gegen die Oxalsäure, auser Ausschläge, Diarrhöen, grose Hautthätigkeit. Daher ist die Sterblichkeit im 1ten Lebensjahr so gross, das Aezgift tödtet durch Ruhr, Magenerweichung, Gichter.

2. Die Kinderwelt ist mit Würmern gesegnet, sie isst Alles im Durcheinander hinein und würde sich durch Gefräsigkeit tödten, wenn nicht der Wurm Wache hielte und das Schädliche verzehrte. Mancher Knabe trägt in sich 10 bis 100 Würmer herum, ohne etwas Unangenehmes zu verspüren,

er gedeiht dabei auf's herrlichste. Nimmt das Gift in den Gedärmen so sehr überhand, dass die Würmer nicht mehr damit fertig werden, es zu verzehren: so rufen sie um Hilfe. Sieh doch hin, wie gütig, wie herrlich der Vater der Liebe für seine Lieben den Haushalt geordnet hat!

a) Die Pupillen der Augen erweitern und deformiren sich. Gleicht dieses Zeichen nicht dem Nothsignal auf dem Leuchtthurme des Lebensoceans?

b) Die Nase jukt und beist. Der Wurm steht hier tief unten im Bauche und lässt wie ein Küster hoch oben auf dem Thurme die Nothgloke ertönen.

c) Es treten Nervenzufälle ein. Der Wurm klingelt an allen Telegraphenapparaten des Nervensystems, bis Hilfe herbeikommt.

Der weise und allgütige Schöpfer wollte die Kinder gewiss nicht mit Würmern plagen, er führt mit den kleinen Puzwakern keinen Krieg, nein! Die noch schuldlosen Unmündigen sollen die weisblütigen Thiere als Schuzengel ihres Lebens tragen, und nach demselben heiligen Geseze soll der menschliche Wurm nur und nirgends anders leben können, als in der Atmosphäre des Darms. Ohne dass er ruft, soll dem Wurme Niemand ein Leid zufügen! Die Eltern sollen den Ruf des Wurms vernehmen, die Aerzte sollen ihn verstehen; wo sie rufen, drohet die Gefahr der giftigen Oxalsäure. Da ist die Hilfe leicht und schnell. Wird der Heilsruf nicht verstanden: wächst dies Gift bis zur Uebergewalt, reizt, schmerzt, zerfrisst, lähmt und tödtet.

Sollte der Vater aller Wesen in den jungen Stamm von über ein Drittheil der Menschen Feinde pflanzen, da wir doch selbst unsre grösten Feinde sind? Die Würmer schüzen und verlängern das Leben. Die Wurmträger bleiben von gar vielen gefährlichen Krankheiten frei, von gastrischen, nervösen, rheumatischen, gichtischen Leiden, von Knochenleiden, Typhus, Krämpfen, Epilepsie etc., kurz von allen Uebeln der fressenden Oxalsäure.

3. Jüngling und Jungfrau besizen kaum noch die Hälfte der Würmer, welche sie als Kinder hatten, die Natur zieht ihre Schuzwachen allmählig zurük, bis der junge Mensch mündig wird. Fragt die Nervösen, die Dyspeptischen, die Candidaten des Gliederwehs, die Verkrümmten, die Schwindsüchtigen etc., ob sie Würmer haben? Nein, aber ihre gesunden Geschwister haben noch Würmer. Der Wurmige und Pokige weis nicht viel von ernsten Krankheiten.

4. Soll es etwa Gottes Lohn für die schuldigen Alten sein, welche oft mit Vorliebe thun, was Gott verboten hat, dass sie von Würmern und Blattern verschont bleiben? Je reifer das Alter, desto seltener wird der Wurm; trozdem dass es weder an Schleim noch Oxalsäure fehlt, Catarrh, Rheuma, Schmerzen, Hypochondrie, später die Gicht und Verstimmung sind Zeugen ihrer Anwesenheit. Dr. Mayor in Lausanne hies den Bandwurm seinen guten Freund, und als derselbe eines Tags von selbst abging, schrieb er: O weh! mich hat mein guter Freund verlassen! Nach $3/4$ Jahren begrub man ihn. Med.-R. Dr. Blumhardt nahm, als die Santonintabletten aufkamen, deren 10, und trieb 5 Spulwürmer damit ab. Nach einem Jahr starb er an Blutzersezung, Geschwüren und Wasser.

5. Am Ende des Lebens gibt es keinen Wurm mehr. Die oxalige Gicht ist souverän und alternirt mit der Schwäche der Blausäure. Die Lebenslampe erlischt und zum Lohn für den Wurmschuz während des Lebens fressen die Würmer „der Erde" den ganzen Leichnam.

Kaltes Wasser erstarrt die Würmer, Oele, Fette erstiken sie, Salzwasser tödtet sie direkt. Diese Mittel dienen als Hausmittel. *Drastica* wie *Gummi gutt. Jalappe, Scammon. Aloë* sind parforce Mittel und schaden. Am wohlthätigsten wirken die Antidota gegen Oxalsäure, Kalk, Santonin etc. mit gelinden Salzlaxanzen.

Kopf, Gesicht und Hals der Geimpften, der Oelkopf *(caput virosum)*

als Mahlzeichen Kains der allgemeinen Vergiftung.*)

Die Schmuz-Oelfarbe bezeichnet die moderne Verwüstung des Antlizes der Deutschen, welche das Gewebe der Haut so durchdrungen hat, dass sie sich mit dem Finger nicht wegdrüken, mit Arznei oder Kosmetik nicht wegkuriren lässt. Sie hat das Eigenthümliche, dass sie nicht blos bei verminderter Thätigkeit des Lebens, z. B. bei Verdauungsnoth, Leberleiden, Zehrung, Decrepidität etc. hervortritt, dass vielmehr die schmuz-ölige Missfarbe des Gesichts bei vermehrter Lebensthätigkeit z. B. beim Wechsel der Milchzähne, bei der Entwiklung des Knaben und Mädchens, in der Blüthe des Lebens beim Ausbau der Brust und Brüste, nach Geburten grell sichtbar wird. Die Grundtöne der Entfärbung sind: Gelb, Grün, selten Blau (blassgelb), sie ändern auf sehr mannigfaltige Weise ab:

1) Mineralgelbe Gesichter wie Lehm, Thon, Oker, Schwefel, Messing, Bronze, Rost.
2) Pflanzengelbe Gesichter, fahl, lohfarb, graswelk, herbstgelb, strohgelb, honig- und wachsgelb, verwittertgelb wie die Leichenfarbe der Flur und Blätter.

---

*) Siehe Nittinger, natürliches System.

3) Thiergelbe Gesichter, Affenfarb, Krötengelb, Mulatten und Zigeunerfarb, Uringelb, Hassgelb, Todtenfarbe. Typhusgesicht, Hungergesicht, Kerkergesicht, Lastergesicht.

Diese Farben der vergifteten Natur klagen, dass das einst so herrliche Colorit der kaukasischen Raçe, der die Deutschen angehören, dessen specifischer Charakter das herrliche Weis, das herrliche Incarnat, das ovale apfelblüthige Gesicht war, dass die Frühlings- und Sommerpracht der menschlichen Kraft und Schönheit entschwunden ist. Ebenso klagen die Körperformen. Lassen Sie heutzutage den gelehrten † Blumenbach durch die deutschen Städte, Kirchen, Schulen wandern, er würde die Raçenmerkmale unsres kaukasischen Stammes nicht wieder finden! Er würde jammern, wie rasch die Kraft und Formen selbst der Familien der Verschlechterung zueilen, wie die Grössenverhältnisse abnehmen, wie die Oberfläche der Glieder mit der Fülle und Lage derjenigen Theile, welche unter denselben liegen, armselig und schlotterig geworden, wie die Proportion der Körpertheile unter sich die Regel verlor; wie das Gepräge des deutschen Mannes und der deutschen Frau degenerirte und selbst die Marken der Altersperioden verschwimmen. Aus den Eichen sind Linden geworden!

Der gelehrte † Camper geht in seiner Forschung noch weiter als Blumenbach. An dem Oelkopfe ist nicht blos die weissrothe Naturfarbe, sondern auch die legitime Physiognomie verwischt. Der Winkel von Ohr- und Nasenöffnung zur Stirne sollte beim Deutschen 80—90° messen, wenigstens bei den schönen Gestalten. Dies Maas ist jezt nur noch rar und gar selten zu sehen. Die allgemeine Mehrzahl misst das Mess des Kalmüken von 75°, andere das des Negers mit 70°, andere sogar das des Affen von 60—30 Graden. Man besehe das Militär.

Wie die Hautfarbe, Körperform und Gesichtswinkel degenerirten, so scheint auch die edlere Schädelform der Deutschen sich in die niederere umgewandelt zu haben. Wir unterscheiden drei Schädelformen, die ovale, die pyramidale und die prognathische Negerform.

1. Die ovale oder elliptische Schädelform ist die höchst entwikelte und schönste, sie kommt der kaukasischen Raçe, den Deutschen zu. Kopf und Gesichtsform sind oval, ohne Excesse weder in Hervorragung noch in Compression, sie sind durch Symmetrie der Stirne, der Nasenpartie, der Esswerkzeuge ausgezeichnet. Man vergleiche den hochgestirnten Grosvater mit dem oft thierischen Unterkieferbau seines Enkels!

2. Am meisten begegnet unser Auge der zweiten, der pyramidalen Schädelform, einer ungemeinen Flachheit des Gesichts besonders der obern Gesichtshälfte. Die Stirne verengt sich an ihrem höchsten Punkte, so dass wenn man ein solches Gesicht von vorn betrachtet und sich eine Linie von einem der hervorragendsten Punkte eines Bakenknochen zum andern denkt, die oberhalb dieser als Basis dienenden Linie liegende Portion des Schädels eine pyramidale Form hat. Das ist die Schädelform der Mongolen und weizengelben Eskimo's etc.

3. Sogar die niederste Kopfbildung, die der Neger, ist im deutschen Volke repräsentirt, man nennt sie die prognathische, wegen der hervorstehenden Kiefer, deren Zähne unter einem stumpfen Winkel schliessen. Der Schädel scheint von beiden Seiten comprimirt, dass die Gesichtsknochen weit nach vorn vorragen, der Hinterkopf sich stark und abwärts wölbt oder abflacht.

Suchen wir im öffentlichen Leben die reine, markige, weisrothe Gesichtsfarbe, die stolze elliptische Schädel- und Gesichtsform, den eichenstämmigen Wuchs, den regulären Bau der Knochen, die stramme Musculatur, die schöne Abrundung durch das Gewebe der Zellen unsrer Gros- und Voreltern: so müssen wir uns mit der Reminiscenz begnügen, denn überall begegnet uns das öde Thiergelb der Gesichter, das flache, ja prognathische Antliz, **woraus ein gewisser Stumpfsinn blikt, die kraftlose Statur, die unschöne Figur.**

Beim Anblik des Oelkopfes und unter ihm des verdorbenen Leibes fragen wir mit bedachtem Ernste, welche Ursache in so kurzer Zeit vom Grosvater bis zum Enkel die deutsche Nation, den schwäbischen Volksstamm so sehr verkümmert habe? Die Geschichte lehrt, dass die charakteristischen Farben einer Raçe, die Gesichtswinkel, die Physiognomie, der Schädel- und Knochenbau im Verlaufe von grosartigen Naturbegebenheiten, Veränderungen im gewöhnlichen Gange der Witterung und des Klima's, von menschheitsgeschichtlichen Staats- und Kirchenumwälzungen, Reformen u. a. tiefgehenden Begebenheiten sich verändern können: allein das Alles haben wir nicht erlebt; die Thierfarbe des Volks enthält das ganze traurige Geheimniss, indem sie von der Frucht auf die Saat hinweist, nämlich auf die grüngelbe Oelfarbe der Flüssigkeit in dem Impfbläschen am 8. bis 9. Tage, womit man die allgemeine Vergiftung (*Virusatio generalis*) ausgeübt, die üble Gestaltung der Theile des menschlichen Leibes, ihre Formung und ihr specifisches Gepräge unternommen hat.

Der Oelkopf bezeichnet nicht blos die äussere Verwüstung, sondern auch die innere. Betrachten Sie einmal die Blüthe des Volks, die 20jährigen Rekruten und vergleichen Sie die schauerliche Zunahme der Zahlen ihrer körperlichen Untüchtigkeit. Die Conscription notirte in den Jahren

	1828—32 *)	1837—43 **)	1853—58 ***)
Allgemeine Körperschwäche	2389	5454	9243
Allgemeine Kränklichkeit	140	999	
Schwindsüchtiger Bau	152	163	1900

Diese Zahlen sind aus folgenden Rapporten entnommen:
*) Dr. v. Rieke. In 5 Jahren 37,700 Visitirte. Siehe Programm zur Feier des Geburtsfestes des Königs Wilhelm. Tüb. bei Eifert. 1833.
**) Professor Dr. Heim. In 7 Jahren 52,260 Visitirte. Siehe württemb. ärztl. Cor.-Bl. 1844, S. 81.
***) Dr. v. Klein. In 6 Jahren 80,020 Visitirte. Siehe württemb. ärztl. Cor.-Bl. 5. Dec. 1859.

Unter 1000 Mann waren also erst 63, dann 104, endlich 115 wegen Schwäche und 4, 3, 23 wegen schwindsüchtigem Bau unbrauchbar. Das Mess wurde um einen Zoll herabgesezt.

Im Catharinenspital zu Stuttgart*), wo meistens 20 bis 30 Jahre alte Leute eintreten, starben in den 24 Jahren von 1829 bis 1852
an Typhus . . . 333⎫
an Schwindsucht 351⎭ von 1186 Todten überhaupt, also 57%.

Der Oelkopf und dessen grüngelb colorirtes Antliz zeigen also, wie das Zifferblatt einer Uhr, die geringen Lebenserwartungen der Geimpften: Allgemeine Körperschwäche, allgemeine Kränklichkeit, schwindsüchtiger Bau und zumeist früher Tod an Typhus und Schwindsucht.

---

*) Würtemb. ärztl. Cor.-Bl. 1852, S. 394.

Biographische Skizze.
(Dr. Jung.)

Dr. Nittinger, Carl Georg Gottlob, Doctor der gesammten Heilkunde, des ärztlichen und naturkundigen Vereins in Würtemberg Mitglied, *vice-président honoraire du Congrès scientifique de France, Membre correspondant de la Société Académique de Cherbourg, Socio corrispondente della Società frenopatica Italiana ad Aversa (Napoli)*, praktischer Arzt in Stuttgart, wurde am 23. Nov. 1807 in dem würtembergischen Städtchen Bietigheim geboren. Allda war sein Vater Seifensieder und Rathsherr, der sein Leben als Bezirkskriegscommissär im österreichischen Feldzug Napoleons von 1808 den 7. August verlor; seine Mutter war eine Häker*) von der Linie Kirchheim am Nekar, † den 24. April 1855. Gottlob war aus zweiter Ehe das vierte und lezte Kind, beim jähen Tode des 53jährigen Vaters noch Säugling. Die Mutter büste bei der Katastrophe ihr ganzes Vermögen ein; sie konnte ihren Sohn nur in die Volksschule schiken. Die glüklichen Anlagen des bedürftigen, hilflosen Knaben veranlassten die Geistlichen der Stadt, ihn in die lateinische Schule gratis zu verseczen. Hier legte er den ersten Grund zur classischen Bildung, hier erwachte der seltene Fleiss, den er durch sein Leben hindurch beibehielt. Im Jahr 1819 siedelte er nach Nürtingen über, wo er bei seinem Grosvater Häker freie Station bekam und schon nach wenigen Wochen von dem Rektor M. Plank, der damals berühmten Schule im Lande, unter die

---

*) Die *Häker* stammen aus Chemniz, die *Nittinger* aus dem Canton Bern.

Theologen gratis aufgenommen wurde. Plank pflegte den Jungen wegen seines Fleisses, seines ernsten Willens, seiner präcisen Aufmerksamkeit, wie seinen Sohn, und feuerte sein Sprachentalent in Latein, Griechisch, Hebräisch, Sanskrit auf's Höchste an. Er stritt für ihn wider seinen Grossvater Häker, der Polizeivorstand in Nürtingen war, und seinen Enkel im Jahr 1822 durch Härte zum Schreiber auf seinem Bureau pressen wollte. Aus den Keimen des viel erlittenen Unrechts erwuchs Nittinger's leidenschaftlicher Rechtssinn.

Als im Frühjahr 1823 der Grosvater starb, fiel die pecuniäre Möglichkeit, in Tübingen Theologie zu studiren. Rasch stekte man den sich sträubenden Jüngling in's Schullehrer-Seminar zu Esslingen. Hier zog er sogleich die Aufmerksamkeit des zweiten Vorstandes Professor M. Hochstetter auf sich, wurde dessen Liebling und Gehilfe seiner mineralogischen und botanischen Arbeiten. Er genoss die intimste väterliche Freundschaft Hochstetters bis zu dessen Tode den 20. Febr. 1860.

Der erste Mai trennte ihn von seinem Prof. Hochstetter; er hatte drei Jahre von einem Staatsbenefiz zusammen von 200 fl. gelebt, jezt sollte er seinen Unterhalt selbst verdienen und Lehrer sein. Er war von Mai 1826 bis 1827 in Wüstenroth; von Mai bis Juli 1827 Privatlehrer in Pulverdingen, wo er bei Pfarrer Fehleisen in Hochdorf*) wieder Theologie trieb; dann um der Conscription zu entgehen in Gros-Ingersheim; von Dezember 1828 an in Stetten i. R. Herzog Wilhelm hatte ihn an seinen kleinen Hof und für sich selbst als Gehilfen in sein physikalisches Kabinet „gewünscht". Im November 1829 erhielt er den Ruf an das neue Waisenhaus in Frankfurt a. M., allein es wurde ihm die Entlassung verweigert, somit zahlte er 200 fl. Benefizgelder an die württembergische Staatskasse heraus, und trat den 1. Mai 1830 aus und dort ein. Nittinger hat oft seinen Aufenthalt in Stetten

---

*) Jezt in Renningen.

für seine glüklichste Lebenszeit erklärt, jezt sah er sich in die offene See des Lebens geworfen.

Sobald er die Organisation der Lehrpläne vollendet hatte, gewann ihn der Bürgermeister v. Guaita für das damals englisch-französische Institut des Rath Hadermann, wo er dann vom 25. November 1830 bis 31. August 1832 in Sprachen, Mathematik etc. zu unterrichten hatte. Reiche Privaten suchten ihn, er ward Hofmeister der Grafen ***, er sparte sich Geld, um im Jahr 1832 bis 1834 nebenbei als Privatsekretär des Professor Paulus die Universität Heidelberg beziehen zu können. Ein Liebesverhältniss bestimmte ihn, Mediciner zu werden. Zuerst trat er mit seinem Freunde Paulus jezt Apotheker in Niederstozingen in die Hofapotheke damals unter Dr. Schweinsberg ein.

In der medicinischen Fakultät glänzten damals Tiedemann, Chelius, Nägele, L. Gmelin, Puchelt, Bischoff, Schlosser u. a. Im October 1834 zog es ihn nach Würzburg zu Textor, Marcus, d'Outrepont, hier promovirte er unter Vorsiz des Professor Pickel den 23. Mai 1835 mit der Note I „Ausgezeichnet" zum Doctor der Medicin, Chirurgie und Geburtshilfe. Seine Inaugural-Dissertation behandelt den *Status putridus cum febre.*

Im Sommer 1835 schikte ihn Professor Marcus nach Kissingen als Vice-Badearzt für den damals dort einzigen Arzt Dr. Maas, der im Voigtlande weilte. Kissingen war ein ödes Bad, Bolzano der Pächter. Nittinger stachelte den Bolzano zu Reformen, die rasch ihre Früchte trugen.

Im Winter 1835 bis 1836 liess sich Nittinger in Offenbach als praktischer Arzt nieder, erhielt aber die grossherzoglich hessische Reception nicht. Eine glükliche Cur im Hause Rothschild's hatte ihn dem Banquier Br*** bekannt gemacht; dieser bat ihn, seinen epileptischen Sohn in Wien bei Dr. Görgen abzuholen und „um geschickt für dessen Behandlung zu sein, vorher zu reisen und zu studiren." So machte Nittinger eine Rundreise durch Deutschland und verweilte kostenfrei während der ganzen Cholera-Epidemie 1836 in Wien, wo er mit seinen Freunden Rathke, v. Häberl, Staub, Walther, Berger etc. für den verehrten Professor Rokitanski durch Dik und Dünn der Epidemie gieng. Unvergesslich sind ihm die Stunden, welche er im Familienkreise der Herren C. v. Sazger, A. D. v. Dworzak, Joh. Bapt. Baron v. Puthon, J. G. Schuller u. Comp., Hofconditor Dehne, Matthias Müller, Flügelfabrik, etc. vergönnt wurden.

Im September und Oktober 1836 übernahm er den epileptischen Br. aus der Anstalt des Dr. Görgen in Ober-Döbling, in dessen Familie er gewohnt und gelebt hatte, und reiste mit dem Kranken durch Ober-Italien nach München, auch dort die Cholera zu beobachten. Im November und December 1836 übergab er den durch das Reisen wunderbar gebesserten Kranken an seine Eltern, leitete ihn sechs Wochen ein, zog nach Frankfurt (Döngesgasse G. 53), schrieb auf Bitte für Dr. Varrentrapp, Physicus in Frankfurt, eine Abhandlung über die Cholera von 1836 in Wien, und begab sich auf dem silbernen Geleise des von Br. erhaltenen Honorars nach Frankreich.

Den 3. Januar 1837 kam er in Strasburg an, und trat mit seinem Freunde Dr. Bruch von Pirmasenz sogleich im *hôpital civil* ein, dessen klinischer Vorstand Professor Forget gerade erst geworden war. Forget zog die zwei deutschen Aerzte collegialisch an sich, und ihre Reputation war damit gemacht. Der Veteran Professor Schaal übertrug Nittinger seinen Service für die Abtheilung chronisch Kranker, Professor Ristelhuber für die syphilitische Abtheilung. Nittinger rühmte oft: „die Deutschen haben mich zu einem aufgeblasenen Herrn Doctor gemacht, Professor Schaal zog mir das Hütchen ab und machte mich zum bescheidenen Arzt". Die diagnostische Düftelei und die rabiate Anwendung der Gifte in Deutschland lernte er unter der Leitung des erfahrenen Meisters Schaal sorgsam beargwöhnen, Lehren und Grundsäze, denen er als praktischer Arzt später stets treu geblieben ist. Im Hause

Levrault, Mühl, Lacombe, Chabert, Silbermann, Arnold, L'Antoine, bei Pfarrer Oberlé, *off. de l'université de France*, in Obernay; bei Louis Gläsel, *receveur* in Brumath, in der *Loge de la vraie Fraternité* etc. war er freundlichst aufgenommen.

Im Sommer 1837 gieng Nittinger nach Paris der operativen Chirurgie wegen, der er sich dort mit dem angestrengtesten Eifer widmete, Privatcurse in der Anatomie und Geburtshülfe nahm, die Vorlesungen und Kliniken der so berühmten Männer, wie eines Magendie, Lisfranc, Gendrin, Begin, Ricord, Velpeau, Louis, Roux, Cloquet, Sichel, St. Hilaire, Piorry, Malgaigne, Civiale u. a. besuchte, troz seiner Jugend schon die nähere Bekanntschaft solcher Männer im *Cercle litéraire* des Buchhändlers Pitois-Levrault (*rue de la Harpe*) machte, und namentlich ein Schüzling des Professors Bazin, dessen Mitarbeiter in der *Anatomie comparée* im *Jardin de plantes*, und honorirter Mitarbeiter an dessen *Journal des Connaiss. etrangères* wurde.

Misstrauisch auf die repressive Wirkung der Gifte, namentlich Blei, Jod, Queksilber, Belladonna, Opium, Blutlassen u. dergl. m. schon in Strasburg gemacht, hatte er in Paris üppige Gelegenheit, die mörderischen, unheilvollen Wirkungen der Gifte *en Gros* zu beobachten, und er behielt den unvergänglich bösen Eindruck der Giftschule bei.

Im Frühjahr 1838 machte er eine Reise nach Gibraltar und Lissabon im Berufe, mit Chevalliers[*]) Instrumenten Messungen der Meerestemperatur anzustellen. Im Mai 1838 bestand er den Staatsconcurs in Tübingen, und im Juni darauf in Stuttgart sein zweites Staatsexamen. Nun bereiste Nittinger mit seiner Braut und den Ihrigen die schönsten Orte Würtembergs, es ihr überlassend, zu bestimmen, wo sie wohnen wolle. Sie wählte Stuttgart.

Nittinger hatte nicht im Fluge die Welt durcheilt, er hat sein Herz an den Wundern der Natur und Kunst obwohl

---

[*]) *Quai des Lunettes* 99. *Paris*.

unter manchen Entbehrungen und Strapazen erwärmt, er hat den menschlichen Sinn im Umgang mit Leuten aller Klassen, den Körper im Kampf mit mancherlei Unbilden gestärkt und sich reichliche Länder- und Völkerkunde, Sprach- und Menschenkenntniss erworben. Sein rüstiger Körper und sein frischer Geist war in der Vollkraft des Lebens und Strebens, da ward er plözlich wie vom Blize gelähmt, das Incitament seines Stolzes, die Braut, die er einst von der Lähmung der Füsse curirt hatte, und jezt in voller Liebespracht blühete, — starb kurz vor der Hochzeit im Jahr 1839. Die Natur, die er in all seinen Studien so heilig hielt, zeigte ihm ihre eiserne nichts verschonende Kraft. Er blieb ledig. Als verheiratheter Mann hätte er den späteren Impfkampf nicht mit der nöthigen Wucht führen können.

Nittinger begann seine Praxis mit der tiefsten Wunde im Herzen. Obwohl der wildfremde Ankömmling in Stuttgart mit den eingebornen Legitimen viele Kämpfe zu bestehen hatte, so besiegte doch seine Biederkeit, insbesondere sein natürlicher Blick, seine Diagnose fast ohne Krankenexamen, seine Gegner, und sein Ruf befestigte sich immer mehr. Den 18. Mai 1842 impfte er zum erstenmal, im September 1847 zum leztenmal. Dr. Renz in Stuttgart hatte in einer guten Familie einen prächtigen Knaben geimpft und nach 9 Tagen verloren; Nittinger impfte ein Jahr später dessen Brüderchen, es starb nach 9 Tagen. „Zum Zweitenmal will ich keinen Mord mehr begehen", schwur er. Es war besonders die Zeit von 1840 bis 1852, wo er aus dem Nichts das Bad Berg schuf. Der Sprudel diente einem Färber. Nittinger liess die Quelle frisch fassen, entwarf den Originalplan, gab durch glükliche Curen dem Bade eine Seele und gewöhnte die Stuttgarter an's Baden; er beschränkte die Laxierrecepte, indem er den Apotheker Berg bewog, eine Maschine aus Paris zu beziehen und das Magnesiawasser (10 Quint Bittersalz auf 1 Flasche Wasser und Kohlensäure) einzuführen; er beschränkte das Blutzapfen durch Vernunftgründe und durch *ad hominem* demonstrirte *Data;* er liess 1842 die

Messer des Schröpfkopfs durch Nadeln ersezen durch Mechanikus Seeger, woraus leider die Charlatanerie des Baunscheidt'schen Lebenswekers entstanden ist; er demaskirte den 11. August 1842 bei der Medicinal-Visitation (Hochstetter) das Wasser des Schweielbrunnens in den königlichen Anlagen als stinkendes Produkt der Zersezung; er jagte durch strengen Ernst im Schwäbischen Merkur am 2. Februar 1854 den Bossard, der in Stuttgart psychologischen Schwindel trieb, über Nacht aus der Stadt; er wirkte in Wort und Schrift für die alleinige Geltung der Natur in der Medicin. Den 15. Mai 1843 sendete ihm der würt. ärztliche Verein seine Karte zu; im Jahr 1844 war er Mitbegründer der Gesellschaft für vaterländische Naturkunde in Würtemberg. Das Jahr 1846 mit seinen fauligen Nervenfiebern frappirte ihn. Wie?, rief er, das ist ja die *Cholera sicca!* Es muss in der Atmosphäre was vorgegangen sein! Rasch schritt er an die riesige Arbeit, die Körperwärmen des Menschen und die Temperatur aller Tage von den 50 Jahren 1800—49 zu messen und zu vergleichen, entwarf das Atmosphärion, bestimmte die Wärme des Normaltags, zeigte das Unstichhaltige der Humboldt'schen Isothermen und entdekte die Blausäure- und Oxalsäurebildung im Cosmos und deren Mutter das Cyan als den originären Pokenstoff im Blute des Menschen. Hierauf schied er das bisherige Nebelwort Gift in drei präcise Bezeichnungen, in *Venenum, Toxicum, Virus* als Principe der Metall-, Pflanzen- und Thiervergiftungen und schuf das neue Wort Virusation.

„Die Poken sind cosmischen Ursprungs und Niemand kann sie bannen, nur ein Wahnsinniger oder Bösewicht kann impfen, lasset, rief er 1847 privatim, 1848 öffentlich, lasset um Gotteswillen den Teufel von Cyan aus dem Blut heraus auf die Haut, er ist da besser als im Herzen! Es ist ein Unsinn, dass man die Haut vergiftet und das Herz lähmt; es ist ein Betrug, dass man Poken bannen möge; es ist ein Verbrechen, alle Theile des menschlichen Organismus zu vergiften, einer siechen Staatshypochondrie, einem frühen Tod zuzuführen, um der Kinderei willen, lieber grüngelb übel auszusehen als eine Pokennarbe im Gesicht zu tragen." So protestirte er und stellte der herrschenden Heilmethode, der Solidarpathologie ihre Ohnmacht vor und die Humoralpathologie entgegen. „Selten fehlt es in den Krankheiten an dem Räderwerk der Maschine, meist fehlt es an dem Wasser und Dampfe, die sie treiben."

Sein feuriges, ungeduldiges Naturell, wenn der gelehrte Fanatismus wider die Moral verstiess, brausete in Eifer und Zorn auf, oft so sehr, dass seine excessive Gutmüthigkeit, sein Wohlwollen für die Menschheit, sein Sinn für die Freiheit im göttlichen Sinne manchmal in Gefahr kamen, beschattet zu werden.

Mächtig loderte in diesem nie imitativen, stets schaffenden Geiste der Gedanke von Freiheit, der rein persönlichen und natürlichen. Er sprach diesen Gedanken aus in seiner Rede am 4. März 1844: „Ueber die Verbindung der Künste und Wissenschaften mit dem Gesang", als er mit Professor Albert Schott und Oberpräceptor Roller dem Liederkranze vorstand; er sang diesen Gedanken in seiner Composition der Ode Schillers an die Freude, welche Capellmeister P. v. Lindpaintner instrumentirte und den 9. Mai 1844 am Schillerfest mit Hofcapelle und Chören ausgeführt hat.

Dass diese schaffende Flamme sich nicht zum Werktagsdienst des behäbigen Daseins bequemte, dass sie auch sengte und cauterisirte und rüksichtslos den davon aufqualmenden Rauch in die Augen und Kehlen der Andern trieb, das ist der Flamme Natur und ihre Nothwendigkeit: sie beleuchtet nicht allein, sondern zerstört auch die Trugbilder. Es war die unwiderstehliche Kraft der Ueberzeugungen, welche tief in ihm wirkten, nie das biegsame Interesse, denn es waltete in ihm das clairvoyante Bewusstsein einer weltgeschichtlichen Bestimmung, das morsch gewordene System der Medicin, als dessen Mittelpfeiler er die Impfung ansah, zu stürzen. So war er Revolutionär im Gebiete des Schlendrians, der manche faule Geister wachrief, und so hoch er auch die Sprache trug, konnte doch die Hand einer gierigen Polizei noch weniger eines Criminalamtes ihre scharfen Töne hemmen.

Die Vaccination war für ihn eine Tragödie mit den grausenhaftesten Scenen. Er sah den Geist, der ihn im reinsten Jünglingsfeuer in den Revolutionsjahren von 1830—33 brausend erfasst und mit den farbigsten Hoffnungen für das deutsche Vaterland ergriffen hatte, im Jahre 1848 zu Grabe tragen und jezt glaubte er ganz pessimistisch an ein Hereinbrechen des Abendroths und der Nacht über sein Vaterland, an ein düsteres Walten der Vorsehung, das die deutsche Nation immer tiefer in den Strom des physischen Verderbens seiner Gesellschafts- und Staatszustände hinabziehe und hasste in der Vaccination die grosse Lüge, der seine Mitwelt zum Opfer gedient hat und verblendet weiter dient. Darum konnte er nicht langathmig im academischen Styl ihr sein Halt zurufen, sondern erhob wie ein kurzathmig Beklommener den Nothschrei in allen ihm zu Dienst stehenden Naturtönen gegen die Beschädigung und für ein Besserbefinden seines Volks. Fragt ihr, was er sich und Andern genüzt habe? Er verlangte für sich selbst Nichts, er bittet blos aufs Inständigste für das Volk, er bittet die Lenker und Aerzte des Volks um Rükkehr vom Gifte zur Natur. Freilich war es kein blosser Antrag in einer ärztlichen Versammlung, wo der eine verleugnet, was der andere zugibt, oder wo die Hörigen der Canzlei zur Tagesordnung rufen, wenn es nach Reform riecht. Es war ihm ein Fundamentalsaz, worauf das natürliche Gebäude rationeller, d. h. ätiologischer sich bewusster Medicin erwachsen sollte, und so war ihm die Aufhebung des Impfzwangs das erste Erforderniss. **Festgemauert stand ihm das Papat der Impfkaste entgegen!** Darum war ihm nöthig, sich eine Macht zu schaffen, um durch sie das Recht ins Leben heraufzurufen: er wandte sich direkt an die öffentliche Meinung mit dem Feldgeschrei: Aufhebung des

Impfzwangs, eine Losung, woran sich die Freunde der Reform zu weiterem Thun sammeln konnten.

Auf diese Art machte er die medicinische Frage zu einer socialen. Er fand die heftigsten Gegner, man griff einzelne seiner Säze an, es tobte ein heisser und hässlicher persönlicher Kampf; doch unerschüttert davon blieb der Grundgedanke, auf dem seine socialwissenschaftliche Agitation ruhte, der Kampf gegen einen Staatsaberglauben, gegen eine arge Ausbeutung des Lebens und der Beutel unter dem Prätexte Wissenschaft.

„Der Staat muss sittlich sein!" rief er, „in ihm muss sich das reelle Wissen und die ganze Tugend der Menschheit verwirklichen! Dies ist die Aufgabe aller Einzelnen, woraus der Staat besteht, und dieses Geistes Hauch sollten die Aerzte vor allen verspüren."

Allein das sich wechselseitige Belobsen und Bekleksen der Aerzte in der Presse, die sich selbst preisende Oberherrlichkeit des Professorenthums an den Kliniken blieb, wie es längst war, unsäglich flach, schaal und unbedeutend, der Mangel an Thatkraft empörte ihn und ihr selbstgefälliges Ausbreiten von Vielwisserei, das prüfungslose Nachbeten halbwahrer Säze, das man im Uebermass zu hören und in einer See von Journalen, die zu keinem Lande führt, zu lesen bekam, ekelte ihn an. Hinter ihrer Schönrednerei entdekte er Mangel an Klarheit des Denkens und Entschiedenheit des Wollens. Gegen diese Verwaschenheit kannte er nicht die geringste Rüksicht. Er hat Recht! „Professoren", pflegt er zu sagen, „sind heutzutage meist Leute, die viel wissen und wenig können, wehe dem Staate, dessen praktische Aerzte blos Professoren oder gar blos Philosophen sind."*)

Bei jeder Gelegenheit sucht heutzutage Jeder, Doctor und Chirurg, seine Interessen d. h. seine „Erfahrung" als die giltige zu behaupten, aber nur wenige dürften im Stande sein,

---

*) Dr. *Jenner* nannte seine Untersuchungen »philosophische«.

auf die Frage nach deren Begründung eine räsonnable Antwort zu geben. Eine Erfahrung hat jeder Usus, jedes Dogma, jeder Mensch, und in jedem Land hat zu jeder Zeit sich aus der Masse von Vorkommnissen eine Erfahrung gebildet. Indem ihr der Staat das Siegel seiner Autorität aufdrükte, machte man sie zu einer öffentlichen Einrichtung, wie das lucrative Impfinstitut. Die Verleihung von Machtverhältnissen an eine so schlecht fundirte öffentliche Erfahrung reisst den Bestand einer freien Heilkunde nach sich und öffnet unter sogar obrigkeitlichem Schuze der höheren Charlatanerie, die in Carossen fährt, Thür und Angel. Das ist der wahre Krebsschaden, der an unserem Staatswohle zehrt. Um ihn zu bekämpfen, muss man auf die Machtverhältnisse von Staat und öffentlicher Meinung einwirken, mit dem Auskramen von Vernunft und physiologischen Säzen, mit dem Durcheinander von Kastengeistern, mit säuberlich gefeilten Widerlegungen ihrer Angriffe wird gar nichts erreicht. Man läuft durch ein Kornfeld, das sich immer rasch wieder hinter dem Wanderer schliesst. Deutschland hat einmal keine Akademie, hat keine centrale Journalistik, die Universitätsprofessoren thun nichts und die Practici mögen für öffentliche Erfahrung nichts thun. Sie wissen warum? **Die Macht muss befehlend dreinfahren**, das sieht der Laie und der Doctor ein. Der Erkenntniss, dass an die Macht zuerst appellirt werden müsse, haben wir zu danken, dass bis jezt der Vorhang über die alte Giftküche der Allöopathie so gar weit zerrissen ist, dass die Vaccine so sehr schwer krank darnieder liegt. —

„Wahrlich, schreibt er an **John Gibbs**, *Esq., Maze-Hill-Cottage. St. Leonards-on-Sea. County Sussex*, die medicinischen Koryphäen üben den Patriotismus des Schweigens mit Virtuosität, sie lassen um die grosse Zeitfrage über die höchsten Interessen des Staats und des Einzelnen fechten und gehen ihr bequem aus dem Wege. Allein es wird und muss — ohne sie — die Empirie da fallen, wo die Philosophie der Natur den Faden der Untersuchung aufnimmt und von den Gesezen der Natur zu denen des Geistes führt."

„An den Dr. E. A. Ancelon, *médecin en chef de l'hôpital de Dieuze*, schrieb er: die Vaccination ist ein Wolf in Schafskleidern und kirret nur Schafsköpfe. So lang die Medicin in der Zwangsjake der Mirakel stekt, kann sie keinen andern Eindruk auf geistesgesunde Menschen hervorbringen, als den eines unsäglichen Elends. Die Vaccinomanen wollen die Impfung um jeden, das Volk um keinen Preis. Das Volk sieht zwar den Teufel nicht, selbst wenn er es am Kragen hat, aber sein Instinkt empfindet ihn. Es wird einst aus der jennerischen Betäubung mit namenlosem schweren Wehe erwachen, leider wenn's zu spät ist."

All ihr einstiges Blendwerk von Impfnarben, Fehlimpfung, Schuz bei Anstekungsgefahr, all ihre Spielerei von gemilderten und nicht gemilderten Poken sind in den Kehricht einer aufgeklärten Zeit gefallen, es kann zu nichts helfen, sich an die Fezen „der Standarte der Civilisation" zu halten und zu rufen: „haltet um Gotteswillen an der Vaccination!" Die öffentliche Ueberzeugung von ihrer Gemeinschädlichkeit und Nuzlosigkeit hat sie schon zu sehr gerichtet. Der Glaube an die Vaccine fällt täglich mehr. Wollt ihr den Impfzwang mit Militär durchsezen? Soweit reicht doch die Courage der Impfärzte nicht. Da der medicinische Absolutismus durchaus keine Staatskontrolle zu fürchten hat, weil derselbe bei der gesellschaftlichen Uebermacht des Bürgerthums seine Zwingherrschaft mit Hilfe einer jesuitischen Berufung auf das Gesez behaupten kann, weil der Scheinconstitutionalismus seine innere Schwäche dekt und von dem zuständigen Minister (v. Linden*) wenig Lust zu einer Volksschau erwartet werden durfte, wie viele Jahre gelehrt haben: so strebte Nittinger dahin, dieses Mittel dem medicinischen Absolutismus zu entziehen, er musste unablässig den Staat drängen, an die Kam-

---

*) Im September 1864 trat v. Gessler an seine Stelle.

mer petitioniren, Vereine gründen, die öffentliche Presse in Athem halten. Es sind Petitionen von über 10,000 Unterschriften für den Landtag Dec. 1864 eingereicht. Die Kammer soll die perverse physische Lage, in welcher wir uns befinden, aufdeken, den Schleier zerreissen, dem Spiel mit dem Volke ein Ende machen und ohne sich imponiren zu lassen, muss sie den wissenschaftlichen und statistischen Nachweis fordern. Dann wird die Stunde schlagen, wo die Regierung nicht weiter kann, wo der medicinische Absolutismus zerstäuben wird.

Eine so ernste weittragende, im Gebiet der Wissenschaft coquettirende Frage vor die Kammer zu bringen und von ihr erfolgreiche Hilfe für das Volk zu erwarten, schien ein eigenthümliches Unternehmen zu sein. Wie sauer es ihn ankam, nach den geschlagenen Debatten von 1851, 1852, 1857, 1858, 1861 im Jahre 1864 zum sechsten Male die Kammer zu beschwören, sich des Volkes zu erbarmen, hat er oft schmerzlich betont. Die Impfpartei bietet alle ihre Macht auf, die Landtagsabgeordneten für die Vaccination zu stimmen, sie ist im Besiz einer geschlossenen Genossenschaft von Rittern, Prälaten, Ministeriellen, von etlichen schlagfertigen Rednern der Demokratie, von Nationalöconomen, kurz sie beherrscht die Lage. Die Hauptzeitungen stehen ausschliesslich ihr zu Dienst und die Protestanten besizen einzig und allein das kleine Localblatt „Schwäbische Volkszeitung" zu ihrer Vertretung, sie sind in die allerengsten Grenzen *qua* confinirt. Und dennoch erwartet die Impfpartei die Berathung der Kammer mit Aengstlichkeit.

Als Haupthebel zum Umsturz des Impfcolosses gebrauchte Nittinger die Presse, er schrieb eine Reihe von Broschüren und fast keine Woche vergeht, wo er nicht in irgend einem württembergischen oder englischen, französischen, italienischen, holländischen Blatte einen Artikel bringt, womit er seine Angriffe immer näher gegen den Criminalprozess wider die Impfer vorschiebt. Er will seinem Volke helfen, will ein natürliches System für den Menschen wie *Cuvier* für die Thiere, *De Candolle* für die Pflanzen etc. einführen, und für diesen patriotischen Eifer hat er schon Tausende von Gulden geopfert, ohne selbst begütert zu sein. Sein erster Impfprotest erschien im Mai 1848, Stuttgart bei Bode; 1849; Die 50jährige Impfvergiftung des württembergischen Volks; II. Theil 1852, Stuttgart bei Hallberger; die Impfung, ein Missbrauch 1853, Stuttgart bei Müller; Das falsche Dogma 1857, München bei Franz; Die Impfzeit, Leipzig bei Brauns 1857—59; Das schwarze Buch vom Impfen, 1859, Leipzig; Das ärztliche Concordat, 1861, Stuttgart bei Schaber; Jenner's Gant, 1862, Leipzig bei Brauns; Die Impfhexe, 1863, Stuttgart bei Schaber.

Nittinger schrieb wahr und warm, klar ohne Fremdwörter, einschneidend und schonungslos die Schwächen der Vaccine beizend. Er wollte sein Volk warnen, darum von ihm verstanden sein. Aber obgleich er für's Volk schrieb, hielt er sich nicht an das Weiche, das ihm schmeichelt. Er liebt Mark und Kern des Ausdrucks wie G. Kinkel:

> Nicht das Schwächliche bleibt, das Halbe,
> Nicht das Bläuliche, nicht das Falbe,
> Nur was frisch und lebensroth.

„Ich will die Menschheit überzeugen, schrieb er den 22. April 1852 an seinen Freund Professor Ennemoser in München, dass sie mit der Vaccination mystificirt, schwer betrogen sei. Wir wollen uns im Centrum selbst, in einem Höheren und Höchsten zusammenfinden in Ihm, der die Quelle alles natürlichen Lebens ist." Aus dem Wuste von Schriften und Ansichten suchte er das Korn der Wahrheit abzuscheiden, indem er zwischen alles, was Natur oder Unnatur ist, das Scheidewasser der Einfachheit goss „zur Ehre Gottes und zum Wohle der Brüder."

Nittinger entwickelt sein natürliches System in Jenner's Gant und in der Impfhexe, das er mit vollem Recht ein cosmisches nennt, weil es auf die fünf Factoren des Cosmos

Licht, Wärme, Erde, Meer, Luft, wovon die fünf Sinnesorgane des Menschen ein Analogon sind, gegründet ist. So einfach, so ausserordentlich ist es.

Er war schon in der Jugend ein Mann, der über das gemeine Mass hinausragte, fern von gelehrter Steifheit, voll Leben, Sicherheit und Muth, und wenn er in stolzem Selbstgefühl dessen sich in den reiferen Jahren bewusst worden ist, so besitzt er dazu ein volles Recht, und wer einen solchen Mann mit kleinem Mass bemessen wollte, würde damit nur kundgeben, welcher kleine Massstab ihm selber eigen ist. Sein Kampf in der Impfsache trägt etwas Heldenhaftes an sich, das müssen seine Widersacher, das wird ein Unparteiischer zugestehen, ob er seine Bestrebungen billige oder tadle.

Er vertheidigte öffentlich und persönlich am 19. Mai 1851 seine Thesen in der Versammlung der württembergischen Aerzte zu Hall; den 6. September 1860 zu Cherbourg; den 18. September 1861 in Bordeaux; den 24. April 1862 zu Paris im *Congrès des Délégués des Sociétés savantes*, ging aus dem Kreuzfeuer, das die heimische und auswärtige Presse auf ihn losliess, stets unbesiegt hervor. Mit Ehren flatterte seine Fahne im englischen Parlamente, in den Generalstaaten von Holland; die academischen Societäten von Cherbourg, December 1860; von Aversa (Neapel), November 1863, sendeten ihm ihre Diplome zu.

Nittinger ist in allen Branchen der ärztlichen Wissenschaft neben der so nüzlichen Kenntniss ihrer geschichtlichen Entwiklung gründlich unterrichtet; er besizt jenes exacte Wissen vom Wichtigsten bis zum Minutiosen, das in schweren Fällen von so grossem Werth ist, er war daher im Ganzen höchst einfach, naturgemäss und daher auch glüklich in seinen Erfolgen. Zuerst heilen und so sicher und rasch als möglich heilen, ist sein Wahlspruch, in gefährlichen Fällen sehen wir ihn kühn und kalt. Das Virtuosenthum hasst er ärger als die gemeine Charlatanerie. Eine unbeugsame Gewissenhaftigkeit, ein strenger Ecclecticismus, eine sinnige nüchterne

Erfahrung so wie eine zielvolle Berechnung leitet seine ärztlichen Handlungen. Wenn man die Behauptung aufstellen dürfte, dass der Arzt wie sein Charakter sei und dass lezterer den ersteren modellire: so dürfte der Impfkrieg für den Charakter Nittingers einige beweisende Geltung haben.

Nittinger ist hochgewachsen und obwol durch die Kämpfe des Lebens gestählt eine warme, milde Natur; seine Haare sind früh gebleicht, aber aus seinem frischen vollen Antliz glänzt ein braunes sonniges Auge. In seinen Handlungen prägt sich eine klare Raschheit und wieder eine maasvolle Bedächtigkeit aus, die ihm bei der Heiterkeit des Gemüths, bei seinem Sinn für Freundschaft und für die Genüsse des Lebens geistiger Art, bei seinem conservirten Körper und bei seiner philosophischen Lebensweisheit und Klugheit nebst seinem lichten, vorurtheilslosen Verstand, seinem natürlichen oft beissenden Wiz und bei seiner Eigenschaft, mit Schnellkraft das Rechte zu wollen, von jeher den Anstrich eines deutschen Biedermanns gegeben hat.

Der feste Grund, auf dem alle Eigenschaften seines Wesens ruhten, war die Weihe seiner christlichen Anschauung, so wie von der Lehre des Paulus: Prüfet Alles — das Schlechte werfet weg! Er sprach sie offen in jeglicher Lage seines Lebens aus.

Er hat einen festen und unverrükbaren Grund und Anker in einer tiefgehenden Frömmigkeit, die sich selbst in den kleinsten Dingen seines Lebens ebenso bestimmt als wohlthuend für die Kranken abspiegelt. Er bewahrte unter allen Verhältnissen das Andenken an das arme elterliche Haus und zeigt in seinem ganzen Wesen eine Einfachheit und Anspruchslosigkeit, die seiner Umgebung Achtung und Zuneigung abgewinnen muss.

Nittinger gehört unter die seltenen Persönlichkeiten, die Alles, was sie sind, durch sich selbst geworden und ganz sind; was sie ergreifen, ganz ergreifen. Sein innerstes Wesen liegt unverhüllt und klar vor, ohne Schmuk und Schminke. Ein

Mann im festen Sinn des Worts ist sein Gemüth weich, kindlich, arglos, offen und heiter, er meint, wer nicht beten könne, könne auch Niemand kuriren.

Im öffentlichen Leben bewegt er sich mit Freimuth, ohne Hehl und Intrigue, ist oft bieder bis zur Derbheit, wohlmeinend, politisch und religiös freisinnig, voll treuer, opferfähiger, leicht versöhnlicher Anhänglichkeit an die, welche er liebt, von richtigem Urtheil über natürliche Lebensverhältnisse und mit einem gebildeten Sinn für Poësie und Musik. Bei Rechtsverletzungen kehrt gerne das Stürmische und Ecstatische seiner Jugend zurük, doch liegt selbst in seinen heftigen Aeusserungen ein sittlicher Ernst, ein sittliches Rechtsgefühl, ein Wohlwollen für Alle.

In der Privatpraxis leitet ihn ein priesterliches Pflichtgefühl, er ist in seinem Rathe woblmeinend und stemmt sich fest gegen abergläubische Schriften und Bräuche. Er war nie sehnsüchtig nach Clienten, stets collegialisch im Umgang mit andern Aerzten und nachsichtig gegen begangene Fehler. Die Mythologie der Medicin ist ihm ein Greuel. „Wir müssen den Staatsbürger aufklären, dass seine Krankheiten **keine Geister** sind, die im Leibe wie im Hades hausen, z. B. als *Spiritus haemorrhoides*, *Spiritus — itis* z. B. *Carditis*, *Spiritus algie* z. B. *Cardialgie* (ein geistloses Handwerk das an Linné's Abzählen der Staubfäden erinnert), vielmehr ein Ringen mit **Materien**, welche aus der Säftemasse oder aus den festen Theilen ausgeschieden werden wollen und sollen. Der Arzt selbst darf nicht an die Mythen des nosologischen Wörterkrams, dessen Alphabet aus der Benamsung von Theilen und Theilchen des secirten Cadavers herstammt, glauben, es mag die Anatomie ein geographisches Studium aber kein Fundament sein, den Cosmos der Lebenserscheinungen des Menschen darauf zu bauen. Manches Handbuch der Pathologie sollte sich Handbuch der medicinischen Mythologie nennen."

Kein medicinisches System ist bis jezt an die Sache selbst gekommen, d. h. wirkliche Wissenschaft geworden, sondern stets nur in den Präliminarien zu derselben steken geblieben. Besonders gleicht die im Jahr 1864 noch herrschende Medicin in Reifrok, Zopf und Rococo von Paracelsus, Hofmann, Broussais u. a. stammend, einer Vorrede ohne Begriffe und ohne Ende, zu der noch immer das Buch vergeblich erwartet wird. Ob dies Buch aus Nittingers System einer „natürlichen Lebens- und Heilkunde" hervorgehen wird, steht zu erwarten; möge er nicht sterben, bevor er diese Arbeit vollendet haben wird.

Note zu S. 35. Frankf. Journ. 16. Oct. 1864: In Kurhessen bereitet sich jezt eine Agitation gegen die Kuhpokenimpfung vor. Der Inhaber der schwedisch-heilgymnastischen Anstalt, F. Becker, welcher in einer so eben bei A. Freyschmidt dahier erschienenen Broschüre das Gemeinschädliche derselben dargelegt hat, ist mittelst einer Eingabe an die kurhessische Ständeversammlung um Aufhebung des Impfzwanges in dieser Hinsicht bereits vorangegangen und ist diese Eingabe dem Eingaben-Ausschuss zur Berichterstattung überwiesen worden. Ihm folgen, wie wir hören, ein grosser Theil der kurhessischen Staatsbürger, an deren Spize die einsichtsvollsten Männer stehen.

Note zu S. 37. Dr. L. M. Rey, der illustre Arzt der Gironde, gab im Congress zu Bordeaux folgende Erklärung schriftlich ab: „*Je n'adhère pas encore à vos idées sur la vaccine (i. e. idées de la partie vaccinophobe), mais j'aime et j'honore profondement le Dr. Nittinger, en qui je vois un homme profond, laborieux et convaincu. Lorsque de tels caractères se trouvent réunis dans un homme, il faut s'incliner devant lui et je le fais.*"

An die

Società frenopatica Italiana

zu Aversa bei Neapel.

Meine Herren!

Am Neujahrstage erhielt ich das Diplom, mit welchem die *Società Frenopatica Italiana* beurkundet, dass Sie in ihrer Sitzung vom 23. November 1863 mich zu ihrem Mitglied (Nr. 332) ernannt hat, unterzeichnet von dem Präsidenten Cavaliere B. G. Miraglia und von dem Secretär G. Sanni.

Ich kenne Ihre herrliche Nation und bewundere deren Kraft und Hochherzigkeit; desshalb fluthen meine Pulse über die Auszeichnung, Ihr *Socio corrispondente*, mit Ihnen durch ein wissenschaftliches Band in die höchsten Pflichten für die Menschheit verknüpft zu sein. Mit grosser Dankbarkeit trete ich unter Sie als deutscher Italiener und drüke jedem Mitgliede brüderlich die Hand. Die Pupillen blizen!

Ihr Diplom kann meiner Person, die Sie Alle nicht kennen, nicht gelten, es liegt für mich ein siegverheissendes Votum darin für meine 15jährige Protestation wider die vaccinatorische Frenesie der Völker, ja ich betrachte es als einen cerebralen Telegraphen-Apparat von 331 Kräften, der mir sagen soll, ich möge nach dem Vorbilde der Italiener in der Liebe für Wissenschaft und Vaterland nicht ermatten, zur Ehre Gottes nicht ruhen, bis die rabiat-scelerate That des medicinischen Roms gehörig beleuchtet, dessen fürwiziger Eingriff in den Bau und in die Functionen des menschlichen Leibes, die so genau geordnet sind wie das Firmament Galilaei's, gehörig zur Verantwortung gezogen ist.

Dank Ihnen, meine Herren! Ich will streben zu retten, was zu retten mir möglich ist. Das Königreich Würtemberg ist das deutsche Impfparadies. Schon bricht mit der ersten Impfgeneration, 40—60 Jahre alt, die jezt am Ruder des öffentlichen Lebens sizt, der Abend Deutschlands herein; mit der zweiten Generation von 20—40 Jahren wird die Dämmerung folgen. Die dritte Generation, die Kinder, Schüler, Jugend, trägt die gelbe Herbstfarbe, die blassgelbe Todtenfarbe allgemein im Gesicht (*Lues vaccinatoria*) und ist so sehr körperlich und seelisch entartet, dass ich ohne grosse Prophetengabe bestimmt voraussagen kann, es werde, sobald die jezige Jugend majorenn geworden ist und das Bürgerthum darstellen soll, die Nacht über mein Vaterland hereinbrechen.

Ein gnädiger Gott hat Italien vor dem Wahnsinn *(frenismus)* des Impfzwangs bewahrt. Die Vaccination ist ein grundfalscher Wechsel, welcher leider **nur an der Bank exacter Wissenschaft** als falsch erkannt wird. Das würtembergische Volk begreift die Fälschung instinctiv, unsre Regierung aber ist frenopathisch taub und blind, sie acceptirt bis dato die falschen Wechsel Jenner's mit Gier und bezahlt sie baar mit dem Lebensglük der Bevölkerung. Die dadurch herbeigeführte Verwirrung aller Naturgeseze (τῆς φρενός) des privaten wie öffentlichen Lebens zeigt sich daher bei uns in den schlimmsten Verhältnissen. Die Todesfälle, die Krankheiten, namentlich die Geistes- und Seelenstörungen nehmen auf erschrekende Weise zu; die Geburten nehmen ab; bei der Conscription ist über die Hälfte der Mannschaft untüchtig, das Militär ist gelb, klein und mager; in der Gesammtpopulation erbliken Sie, je jünger um so mehr, eine widrige gelbe Färbung, eine Geringheit der Staturen, einen Mangel an Schönheit und Kraft, und die Sterbeziffer weist eine um 10 bis 15 Jahre kürzere Lebensdauer nach.

Der Deutsche ist leider Gottes conservativ von Alters her, er conservirt das Schlechte und schreitet zum Guten nur schwerfällig, sein einst so sonnenhaftes Auge ist gouvernemental geworden. Troz aller wissenschaftlichen Niederlagen, troz aller Statistik des Elends lassen die Regierungen den Frevel der Vaccine-Virusation geszlich im Reiche ihren Umzug halten und ersticken die Weherufe der Familien.

Ihr Diplom, liebe Herren, mindert meinen Schmerz. Lassen Sie mich an Ihre Brust flüchten, um an Männern der That und der Freiheit den Anker zu befestigen, dass die sich selbst bewusste Willenskraft, die Natürlichkeit meines Volkes an so ruhmwürdigen Beispielen Italiens doch noch sich entflammen werden,

„wie der Funken in der Flamme". (*Dante.*)

Glauben Sie, meine Herren, dass ich mit voller Hingebung an Ihre edle mir so wohlwollende Gesellschaft zeitlebens verharren werde

Ihr
dankbarer College
Dr. C. G. G. Nittinger,
Socio corrispondente della Società Frenopatica Italiana,
nat. 23. Nov. 1807.

Stuttgart (Würtemberg),
den 22. Januar 1864.